BEI GRIN MACHT SICH IHR WISSEN BEZAHLT

AF141773

- Wir veröffentlichen Ihre Hausarbeit, Bachelor- und Masterarbeit

- Ihr eigenes eBook und Buch - weltweit in allen wichtigen Shops

- Verdienen Sie an jedem Verkauf

Jetzt bei www.GRIN.com hochladen und kostenlos publizieren

Norman Berger

Nouvelle Vague. Merkmale und Arbeitsformen von Norman Berger

GRIN Verlag

Bibliografische Information der Deutschen Nationalbibliothek:

Die Deutsche Bibliothek verzeichnet diese Publikation in der Deutschen National-
bibliografie; detaillierte bibliografische Daten sind im Internet über http://dnb.d-
nb.de/ abrufbar.

Impressum:

Copyright © 2008 GRIN Verlag GmbH
Druck und Bindung: Books on Demand GmbH, Norderstedt Germany
ISBN: 978-3-656-36648-5

Dieses Buch bei GRIN:

http://www.grin.com/de/e-book/208956/nouvelle-vague-merkmale-und-arbeitsfor-
men-von-norman-berger

GRIN - Your knowledge has value

Der GRIN Verlag publiziert seit 1998 wissenschaftliche Arbeiten von Studenten, Hochschullehrern und anderen Akademikern als eBook und gedrucktes Buch. Die Verlagswebsite www.grin.com ist die ideale Plattform zur Veröffentlichung von Hausarbeiten, Abschlussarbeiten, wissenschaftlichen Aufsätzen, Dissertationen und Fachbüchern.

Besuchen Sie uns im Internet:

http://www.grin.com/

http://www.facebook.com/grincom

http://www.twitter.com/grin_com

Ruhr Universität Bochum
SoSe 2008
Institut für Medienwissenschaften
Seminar: Neue Wellen

Die Nouvelle Vague -

Die Merkmale und ihre Arbeitsformen

Norman Berger
Medienwissenschaften, Komparatistik
8. Fachsemester

Inhaltsverzeichnis:

1. Einleitung

Als Ende der 1950er Jahre die Presse in Frankreich den „Sammelbegriff" der *Nouvelle Vague* einführte, um damit die filmischen Debüts zahlloser junger französischer Filmemacher umschreibend zusammenzufassen, wurde damit gleichzeitig die Bezeichnung für ein Phänomen gefunden, das die Filmgeschichtsschreibung später in den Status einer epochalen Wende erheben sollte.[1]

Der Terminus *Nouvelle Vague* geht auf die französische Journalistin Françoise Giroud zurück, die im Herbst 1957 als Chefredakteurin in der Zeitschrift *L'Express* in einem Artikel erstmals diesen Begriff für die um 1930 geborene Generation in Frankreich verwendete. Mit der Bezeichnung *Nouvelle Vague* fasste Giroud den öffentlichen Eindruck einer konsumorientierten Jugend zusammen, die sich mehr für schnelle Autos und Popmusik interessierte als für politische Themen.[2] Im späteren Verlauf wurde der Terminus aber zunehmend filmhistorisch akquiriert und ab dem Jahr 1959 von der Presse synonym für die unzähligen Debütfilme in Frankreich verwendet.[3]

Trotz oder gerade wegen ihrer kurzen Dauer bis etwa Mitte der 1960er Jahre[4], ist der Einfluss der *Neuen Welle* auf das Medium Film bis heute ungebrochen, was u.a. an den noch immer andauernden filmwissenschaftlichen Versuchen einer einheitlichen Kanonbildung ersichtlich wird.

Obwohl die jungen Filmemacher François Truffaut, Claude Chabrol, Éric Rohmer, Jacques Rivette oder auch Jean-Luc Godard aus dem Dunstkreis der Redaktion der *Cahiers du Cinéma* dieses anfänglich abstritten, versuchte die Filmkritik und Filmgeschichtsschreibung „*[...] von Beginn an, die Nouvelle Vague als Bewegung zu fassen.*"[5]

> „Sie erstellten immer neue Genealogien und Listen von Namen, Filmen und Merkmalen. Dabei ist jedoch nie ein endgültiger Korpus entstanden. Über Truffaut, Chabrol, Godard, Rivette und Rohmer hinaus weichen die Listen der zugehörigen Filmemacher voneinander ab, und auch über die Filme, die zur Nouvelle Vague gehören, streitet die Fachwelt [...]."[6]

Dessen ungeachtet, soll in dieser Arbeit der Versuch unternommen werden, die signifikantesten Merkmale und Arbeitsformen der *Nouvelle Vague* herauszustellen. Dazu erscheint es sinnvoll, zunächst die Entstehungsgeschichte der *Neuen Welle* ein wenig näher zu

---

[1] Vgl. Frisch (2007), S. 17
[2] Ebd., S. 23f.
[3] Ebd.
[4] Auf die Schwierigkeiten einer zeitlichen Begrenzung der Nouvelle Vague sei an dieser Stelle zunächst nur verwiesen.
[5] Vgl. Frisch (2007), S. 14
[6] Ebd.

beleuchten, um im Anschluss daran im folgenden Abschnitt die filmtheoretischen Überlegungen der *Cahiers*-Kritiker, die als Grundlage ihrer späteren Filme zu betrachten sind, besser verstehen zu können.

Danach soll kurz die filmhistorische Entwicklung der *Nouvelle Vague* skizziert werden, um sich schließlich den Merkmalen und Arbeitsformen widmen zu können.

2. Die *Nouvelle Vague*

2.1. Die Entstehungsgeschichte der *Nouvelle Vague*

Anfang der 1950er Jahre gründete der Filmkritiker und -theoretiker Andrè Bazin zusammen mit dem Regisseur und Drehbuchautor Jacques Doniol-Valcroze die Filmfachzeitschrift *Les Cahiers du Cinéma*, deren erste Ausgabe im April 1951 erschien. Die *Cahiers du Cinéma* standen im Gedenken an den 1950 bei einem Autounfall ums Leben gekommenen Jean-Georges Auriol, der bereits Ende der 1920er Jahren in Frankreich eine kritische Filmzeitschrift publizierte, mit der er zur späteren Entstehung der so genannten *Nouvelle Critique*[7] in den 1940er Jahren beigetragen hatte.

Zu den etablierten Journalisten drängte sich ab 1952 allmählich eine neue Generation von jungen Filmkritikern in die Redaktion der *Cahiers*, die allesamt aus der Pariser cinéphilen Kultur[8] der zahllosen *cinémathèques* und *cinéclubs* stammten, in denen auch Bazin und Doniol-Valcroze verkehrten[9]. Diese jungen Journalisten, zu denen unter anderen François Truffaut, Claude Chabrol, Éric Rohmer, Jacques Rivette oder auch Jean-Luc Godard gehörten, begannen unter dem Rückhalt der *Cahiers* den kontemporären französischen Film in ihren Artikeln hartnäckig und äußerst polemisch zu attackieren und konnten so in der Öffentlichkeit rasch auf sich aufmerksam machen.

Sie richteten sich aggressiv gegen das ihrer Meinung nach biedere und inhaltlich sowie formal vorhersehbare Kino ihrer Vätergeneration - dem, von ihnen höchst ironisch betitelten, französischen *Qualitätskino* (*cinéma de qualité*), das für sie durch damalige Filmmacher des in Frankreich vorherrschenden *poetischen Realismus*[10] wie beispielsweise Claude Autant-Lara oder Jean Delannoy repräsentiert wurde. Allerdings genossen gerade die Filme dieser

---

[7] Die *Nouvelle Critique* generierte sich Ende der 1940er Jahre in Frankreich und begeisterte sich in Opposition zur verbreiteten Stummfilmnostalgie für den zeitgenössischen Film in Frankreich und den USA.
[8] Die Cinéphilie hatte ihren Ursprung in der französischen Kino- und Filmkultur Anfang des 20. Jahrhunderts und beschreibt die Wahrnehmung des Kinos als Kunst.
[9] Bazin betrieb u.a. den Pariser Filmklub *Travail et Culture*.
[10] Der *poetische Realismus* entstand in Folge der Wirtschaftskrise in den 1930er Jahren in Frankreich und war durch eine Abkehr von den Avantgarde-Filmen und einer Hinwendung zu mehr Realitätsnähe und sozialkritischen Themen gekennzeichnet.

Vertreter in den 1940er und 1950er Jahren weltweit hohes künstlerisches Ansehen und erfreuten sich auch beim französischen Publikum großer Beliebtheit.

Diesen Repräsentanten des zeitgenössischen Kinos in Frankreich stellten die jungen Filmkritiker der *Cahiers* die (Genre-)Filme von Hollywood-Regisseuren wie Alfred Hitchcock und Orson Welles oder Howard Hawks und Nicholas Ray, aber auch europäischen wie Jean Renoir oder Roberto Rossellini gegenüber, denen sie eine wiederkehrende und unverwechselbare „Handschrift" in allen ihren Werken attestierten. Der Verweis auf Regisseure, die in Hollywood arbeiteten, war seiner Zeit ebenfalls recht ungewöhnlich, da diese in einem im Höchstmaß arbeitsteiligen und ausdifferenzierten Studiosystem tätig waren, was einer persönlichen „Handschrift" eher hätte abträglich sein sollen.

Konträr zur allgemein verbreiteten Ansicht, dem Regisseur innerhalb des Produktionsprozesses eines Films eine marginale Rolle zu zugestehen, setzten die jungen Journalisten den persönlichen Inszenierungsstil einiger von ihnen präferierter Regisseure entgegen, den diese in ihre Werke brächten, und erhoben sie somit in den künstlerischen Status eines *auteurs*. Dazu bemerkt Jürgen Felix:

> „Was den Auteur sichtbar werden lässt, ist sein ‚persönlicher Stil‘, und diesen identifizierten die *Cahiers*-Kritikern anhand der ‚mise en scène‘. Die Weltsicht eines Auteur konstituiert sich durch seinen persönlichen Stil, was für die *Cahiers*-Autoren vorrangig eine Frage neuer ‚Ideen der Kadrage oder der Abfolge der Einstellungen‘ war […], nicht etwa von programmatischen Erklärungen. Eine eigene Weltsicht formte sich ihrer Überzeugung nach im Visuellen, wie ein Regisseur seine Figuren in Raum und Zeit konstituiert […]. Die ‚mise en scène‘ bringt die ‚vision du monde‘ eines ‚auteur‘ zum Ausdruck - und damit auch seine künstlerische Persönlichkeit."[11]

Bis dato wurde die Arbeit des Regisseurs mehr im Sinne eines handwerklichen Berufs verstanden, den man in Form einer Ausbildung an einer Filmhochschule oder als Assistenz erlernen konnte, wodurch den Regisseuren implizit das künstlerische Talent abgesprochen wurde.

Zudem machten die *Cahier*'isten aber noch eine Vielzahl von weiteren Unterschieden zwischen dem *Qualitäts*- und dem *auteurs*-Kino aus. Das *cinéma de qualité*, das sich hauptsächlich der Adaption literarischer Vorlagen verschrieben hatte, war ihrer Meinung nach ausschließlich auf kommerzielle Erfolge ausgerichtet, wodurch sich die Beteiligten - und damit allen voran die Regisseure - von der literarischen Vorlage und dem filmischen Endprodukt letztlich entfremdet hätten. Dieser Entfremdung sollten die Filmemacher im von den *Cahier*'isten geforderten *Kino der Autoren* durch das Einbringen ihrer *künstlerischen*

---

[11] Felix (2003), S.30

Persönlichkeit entgegenwirken und sich bei der Realisierung eines Filmprojekts nicht mehr dem Kommerz verpflichtet fühlen. Zudem betonten sie den Status des Regisseurs als Künstler und setzten damit den Film als Kunstform in eine Reihe mit den etablierten und traditionellen Künsten wie Literatur, Musik und Malerei.

Diese umstrittenen Ansichten fasste François Truffaut mit der beratenden Unterstützung von Andre Bazin nunmehr 1954 in der 31. Ausgabe der *Cahiers du Cinéma* in seinem manifestartigen Aufsatz *Une certaine tendance du cinéma français* (*Eine gewisse Tendenz im französischen Film*) zusammen[12], womit sich der immer theoretischer werdende Diskurs in der Öffentlichkeit zunehmend verschärfte. Dieser Konflikt spiegelte sich beispielshalber in der erbitterten Auseinandersetzung mit der Filmzeitschrift *Positif* wider, deren erste Ausgabe im Mai 1952 erschienen ist und die rasch zum journalistischen „Lieblingsgegner" der *Cahiers du Cinéma* avancierte.

Auf Truffauts Artikel folgend, postulierte die junge Redaktion der *Cahiers* verstärkt ein dem französischem *Qualitätskino* diametral entgegengesetztes *Kino der Autoren*, was sie in ihren Artikel film- und kunsttheoretisch weiter zu untermauern verstanden. Nachdem sich die jungen Filmtheoretiker anhand ihrer theoretischen Überlegungen mehr und mehr eine relativ „homogene" filmtheoretische Grundlage geschaffen hatten, dauerte es schlussendlich nicht mehr lang, bis sich die ersten von ihnen der praktischen Seite des Films zu widmen begannen, wozu der Filmkritiker Robert Benayoun 1962 in der *Positif* rückblickend polemisch bemerkte, dass es den Jungen in der Redaktion der *Cahiers* wohl „*[...] in erster Linie darum [ginge], zu sehen, ob man in der Lage sei, Kino zu machen.*"[13]

Sicherlich trifft Benayoun mit dieser Aussage die eigentliche Absicht der aggressiven Artikel der jungen *Cahier'*isten, denn alle ihre filmtheoretischen Überlegungen zielten wohl letztlich darauf ab, irgendwann die Möglichkeit zu erhalten, zeigen zu können, dass man es besser könne als die kritisierten Etablierten.

Nahezu alle *jeunes Turcs* (Jungtürken), wie sie damals respektvoll von der französischen Öffentlichkeit bisweilen auch bezeichnet wurden, arbeiteten zusätzlich zu ihrer Tätigkeit als Kritiker schon in diversen Filmproduktionen mit und so war der letzte Schritt schließlich nicht mehr weit, bis auch die ersten *Autoren* in Eigenverantwortung kleinere Filmprojekte realisierten und sich so ihre ersten „filmischen Sporen" verdienen konnten[14]. Durch die zuvor evozierte immense öffentliche Aufmerksamkeit, die den jungen Filmtheoretikern

---

[12] Siehe dazu das anschließende Kapitel.
[13] Vgl. Benayoun (1962), S.5 zitiert nach Frisch (2007), S.220
[14] Exemplarisch hierfür ist Jacques Rivettes Kurzfilm LE COUP DU BERGER von 1956, der als erstes gemeinsames Filmunternehmen der *Cahier'*lern gilt, da nahezu die komplette Redaktion daran beteiligt war, und der rückblickend von Truffaut als Startschuss der *Nouvelle Vague* bezeichnet wurde.

hauptsächlich durch den filmtheoretischen Diskurs in den *Cahiers du Cinéma* zuteil geworden war, gelang es ihnen bald, sich nach und nach die finanziellen Mittel zu beschaffen, ihre theoretischen „Ideen" in filmische „Taten" umzusetzen.

Der erste Langspielfilm, mit dem die zuvor vehement postulierten Ideen realisiert werden sollten, wurde sodann 1957 von Claude Chabrol, der, im Gegensatz zu allen anderen zuvor noch keinen Kurzfilm gemacht hatte, mit LE BEAU SERGE (DIE ENTTÄUSCHTEN)[15] gedreht, und der in der Folge 1958 in die französischen Kinos kam. Noch im selben und auch im darauffolgenden Jahr begannen François Truffaut, Éric Rohmer, Jacques Rivette und zuletzt Jean-Luc Godard ebenfalls mit den Arbeiten an abendfüllenden Spielfilmen. Nachdem im April 1959 Truffauts Erstlingswerk LES QUATRE CENTS COUPS (SIE KÜSSTEN UND SIE SCHLUGEN IHN) überraschend zur Auswahl für den Wettbewerb in Cannes zugelassen wurde und darüberhinaus noch die Auszeichnung in der Kategorie *Beste Regie* gewinnen konnte, lässt sich dieses Ereignis rückblickend als die *öffentliche* Geburtsstunde der *Nouvelle Vague* bezeichnen, da die konsequente filmische Umsetzung der theoretischen Überlegungen nun zum ersten Mal einem breiten Publikum zugänglich gemacht wurde.

Welcher filmtheoretische Korpus den Filmen der *Nouvelle Vague* im Einzelnen zugrunde lag, soll nun im anschließenden Abschnitt noch einmal rekapituliert werden.

2.2. Das *Kino der Autoren* und die *politique des auteurs*

> „Nun, ich kann an eine friedliche Koexistenz der *Tradition der Qualität* und eines *Autorenfilms* nicht glauben."[16]

Wie soeben bereits skizziert, griff François Truffaut in seinem berühmten Artikel *Une certaine tendance du cinéma français* (*Eine gewisse Tendenz im französischen Film*)[17], an dem er zwei Jahre gearbeitet hatte und der seine einzige und wichtigste Stellungnahme zum Kino ausdrückte[18], stark polemisierend die damalige Abhängigkeit des Films von allzu literarischen Drehbuchautoren, die Vorschriften, die dem Regisseur im Produktionsprozess auferlegt wurden und die damit einhergehende Vorhersehbarkeit der Filme in Form und Inhalt an. Stattdessen postulierte er vehement, die Stellung des Regisseurs innerhalb aller Prozesse einer Produktion zu stärken, damit dieser als im Grunde selbstverantwortlicher Künstler seine

---

[15] In Deutschland auch unter DER SCHÖNE SERGE bekannt.
[16] Truffaut (1999), S. 310
[17] Der Aufsatz *Eine gewisse Tendenz im französischen Film* (*Une certaine tendance du cinéma français*) erschien 1954 in der Nummer 31 der *Cahiers du Cinéma*.
[18] Vgl. Ingram (2008), S.5

Vision des Films entwickeln und dadurch dem Endprodukt in Form und Inhalt seine eigene unverkennbare Handschrift auferlegen könne.

Diese Handschrift wähnte Truffaut beispielsweise in den Filmen der angesprochen Regisseuren wie eben Alfred Hitchcock zu finden, welcher seine Werke zwar in einem im Höchstmaß ausdifferenzierten Studiosystem in Hollywood realisierte, dabei aber trotzdem seinen eigenen Stil generieren und in seinem gesamten Œuvre beibehalten konnte, der ihn letzten Endes unverwechselbar machte. Die Tatsache, dass Hitchcock kaum die Drehbücher seiner Kinofilme selbst schrieb oder gar bei der späteren Montage mitwirkte, sprach dabei nicht gegen die Einheit seines Gesamtwerkes.

Zudem wendete sich François Truffaut in seinem vierzehnseitigen Aufsatz explizit gegen die zeitgenössischen Drehbuchschreiber literarischer Herkunft, die seiner Meinung nach - im Gegensatz zum Regisseur - bei der Fertigung eines Films über einen viel zu großen Einfluss verfügten:

> „Wenn sie ihr Drehbuch ausgearbeitet haben, ist der Film gemacht. Der Regisseur ist in ihren Augen der Herr, der die Bildausschnitte dafür festlegt - und so ist es leider wirklich!"[19]

Sein hauptsächliches „Feindbild" und damit *jene gewisse Tendenz* fand er in dem einflussreichen Autorenduo von Jean Aurenche und Pierre Bost und dem von ihnen entwickelten sogenannten „Verfahren der Äquivalenz". Die beiden Autoren adaptierten populäre Romanvorlagen der literarischen Hochkultur Frankreichs für größere Kinoproduktionen und hatten dabei im Verlauf eine Art Schema generiert, indem sie binär die jeweilige literarische Vorlage narrativ in drehbare und nicht-drehbare Szenen unterteilten. Die nicht zu verfilmenden Passagen sollten im Anschluss daran mit äquivalenten, neu erdachten Szenen ersetzt werden, wozu Truffaut anmerkt:

> „Was mich bei dem berühmten Äquivalenzverfahren stört, ist, daß ich ganz und gar nicht sicher bin, ob es in einem Roman nicht drehbare Szenen gibt. Noch weniger sicher scheint mir, daß die abgelehnten Szenen von jedermann für nicht drehbar gehalten werden."[20]

Desweiteren sollte nach Truffaut der fertige Film, gerade durch den Rückgriff auf prestigeträchtige Literaturvorlagen, dem Rezipienten einen Eindruck von *Qualität* suggerieren, die dem Werk per se eigentlich nicht inhärent war. Diese Art von Literaturverfilmungen, die seinerzeit in Frankreich vorherrschten, versahen die *Cahier*'isten ironisch mit dem Label *cinéma de qualité*.

---

[19] Truffaut (1999), S. 309
[20] Ebd., S. 300

„Truffauts Polemik richtete sich weder gegen die *Tradition* noch gegen die *Qualität* der französischen Literatur- und Filmgeschichte, sondern eben nur gegen *eine gewisse Tendenz* im französischen Gegenwartskino, die er provokativ als *tradition de la qualité* bezeichnete."[21]

Darüberhinaus reicherten Jean Aurenche und Pierre Bost, die Truffaut für das französische *Qualitätskino* als ursächlich und stellvertretend betrachtete, noch scheinbar freimütig das jeweilige Drehbuch mit neuen Figuren oder Dialogen und mit erotischen oder gewalttätigen Elementen an, um offensichtlich beim Publikum ein noch höheres Interesse und eine größere Aufmerksamkeit hervorzurufen. Obwohl gerade Aurenche und Bost immer eine Werktreue ihrer Drehbücher gegenüber dem Original betonten, ergebe ihr „Verfahren der Äquivalenz" nach François Truffaut letztendlich eine beinahe schon zynische Einstellung der ursprünglichen Vorlage gegenüber und eine Ausschlachtung deren Themen:

> „In Wirklichkeit arbeiten Aurenche und Bost wie alle Drehbuchautoren der Welt [...]. In ihrem Geist enthält jede Geschichte die Figuren A, B, C, D. Innerhalb dieser Gleichung organisiert sich alles nach Kriterien, die ihnen allein bekannt sind. Die Bettgeschichten spielen sich nach einer wohlkonzentrierten Symmetrie ab, Personen verschwinden, andere werden erfunden, das Drehbuch entfernt sich immer mehr vom Original, um zu einem formlosen, aber brillanten Ganzen zu werden. Ein neuer Film hält Schritt für Schritt feierlichen Einzug in die *Tradition der Qualität*."[22]

Für François Truffaut waren von den jährlich rund einhundert produzierten Filmen in Frankreich lediglich zehn bis zwölf wirklich sehenswert und diese stammten weitestgehend von immer den selben namenhaften Regisseuren und Drehbuchautoren, wodurch sich im französischen Kino der 1950er Jahre, aufgrund der immer gleichen Arbeitsweise dieser Protagonisten, eine lähmende Monotonie entwickelt hätte, die die Filmemacher und die Rezipienten vom eigentlichen Kino entfremdet habe. Diese Handvoll von Filmen repräsentierte für François Truffaut die verabscheute und von ihm polemisch bezeichnete *Tradition der Qualität*[23].

Allerdings fand er in französischen Regisseuren wie Jean Renoir, Robert Bresson oder Jacques Tati auch damalige Ausnahmen aus dem von ihm verurteilten *Qualitätskino* Frankreichs[24], denn diesen gelang es als *Autoren* scheinbar ähnlich wie Alfred Hitchcock oder Orson Welles, indem sie außerhalb des etablierten Kinosystems produzierten, ihren Filmen eine eigene und einheitliche „Handschrift" aufzudrücken:

---

[21] Felix (2003), S.24
[22] Truffaut (1999), S. 303
[23] Vgl. Truffaut (1999), S. 295
[24] Vgl. Ebd., S. 310

9

„Auch diese sind französische Regisseure, und es trifft sich [...], daß sie Autoren sind, die ihre Dialoge oft selber schreiben, und einige von ihnen erfinden auch die Geschichte selbst, die sie auf die Leinwand bringen."[25]

Daraus ableitend, forderte Truffaut nun, dass zukünftig „Männer des Kinos" Filme machen sollten, ohne sich dabei allerdings von Literaten vorschreiben zu lassen, was letztendlich verfilmbar sei und was nicht. Das beinhaltete in letzter Konsequenz, wie bereits eingangs kurz skizziert, dass die Filmemacher selbst die Drehbücher zu ihren künftigen Filmen schreiben sollten, da einzig diese genügend Interesse und Leidenschaft für ihr eigenes Medium aufbringen könnten. Zusammenfassend bestand für Simon Frisch das „[...] *Konzept des Autorenfilms [darin]: die Idee eines Regisseurs, der vom Drehbuch bis zum Schnitt alle Produktionsschritte seines Films kontrollierte und der den Film als künstlerisches Ausdrucksmittel ansah.*"[26] Für die Filmkritik hingegen bedeutete das Autorenkonzept zusätzlich, „*[...] sich der Inszenierung (mise en scène) als der spezifischen Schreibweise (écriture) des Films zuzuwenden und im Regisseur (metteur en scène) wurde deren Urheber auteur markiert.*"[27]

In der Folge seines Artikels proklamierte François Truffaut und mit ihm die gesamte junge Redaktion der *Cahiers du Cinéma* ab Februar 1955 die *politique des auteurs*, in deren Zentrum die filmtheoretisch kaum fundierte, aber nicht willkürlich getroffene Auswahl eines Regisseurs als *auteur* stand. Wurde einem Filmemacher dieser Status einmal zuteil, wurde dieser von den *Cahier'*isten bei jedem Werk des Regisseurs bedingungslos verteidigt, wodurch sich eine sicherlich problematische Verschiebung der bisherigen Filmkritik, weg von den einzelnen Filmen zu dem Gesamtwerk eines *auteurs*, ergab[28]. Die kaum zu leugnende Subjektivität oder Parteilichkeit bei der Auswahl und der anschließenden Verteidigung scheint dem provozierendem *politique* bereits inhärent. Somit ließe sich mit Jürgen Felix konstatieren, dass *„die politique des auteurs der Cahiers-Autoren [...] auch eine Form von Heldenverehrung, eine Entdeckung von und eine Identifikation mit Leitfiguren [...] [war]"*[29] und vor diesem *„Persönlichkeitskult seiner jungen Kollegen hatte André Bazin [...] bereits 1957 gewarnt, und er hatte der Autorenpolitik der Auteuristen eine Wertschätzung des Hollywood-Kinos entgegengestellt, die den Blick nicht auf das Talent dieses oder jenes Filmemachers richtet, sondern auf die Filme und deren Produktionskontext."*[30]

Daran anschließend erläutert Jürgen Felix:

---

[25] Truffaut (1999), S. 310
[26] Vgl. Frisch (2007), S. 17
[27] Ebd., S.156
[28] Auf die filmwissenschaftliche Diskussion sei an dieser Stelle lediglich verwiesen.
[29] Vgl. Felix (2003), S.28
[30] Ebd.

„Hatte Bazin einerseits - in Umkehrung des Auteur-Diktums - erklärt, dass das Werk den Autor transzendiere und dessen Talent nur im Kontext der jeweiligen historischen Rahmenbedingungen zu beurteilen sei, so hatte er doch andererseits den strategischen Wert der Autorenpolitik anerkannt, weil diese noch unentdeckte oder gar mißachtete Regisseure als Filmkünstler etabliere."[31]

„Autorentheorie ist immer auch Autorenpolitik, und in diesem Kontext geht die Liebe zum Kino einher mit der Apologie der Filmkunst, was bei den *Cahiers*-Autoren bekanntlich dazu führte, dass man dann und nur dann über einen Film schrieb, wenn man den Regisseur schätzte. Eine solche Art von Autorenpolitik war, wie Bazin betont, keine Erfindung der Filmkritik und lange vor der Geburt der Filmkunst etabliert."[32]

Zusätzlich zu Truffauts leitendem Artikel *Une certaine tendance du cinéma français* erhielt 1954 die 31. Ausgabe der *Cahiers du Cinéma* noch einen kritischen Aufsatz über die sexistische Darstellung der Frau im französischen Kino von Jacques Doniol-Valcroze, und beide Schriften traten in der Folge einen öffentlichen Diskurs in Frankreich los, der auf beiden Seiten erbittert geführt wurde. Im Vorwort der als „Kampfansage" gedachten Ausgabe bezeichnete der - neben André Bazin - zweite Chefredakteur der *Cahiers* Doniol-Valcroze beide Artikel schon als *„gemeinsamen theoretischen Konvergenzpunkt"*[33] und durch die flankierende Beteiligung anderer Autoren der Redaktion wie Godard oder Chabrol am publizistischen Diskurs, entwickelte sich eine zunehmende „theoretische" Grundlage für das von der Zeitschrift proklamierte *Kino der Autoren*, für welches der Artikel Truffauts bereits als grundlegender theoretischer Text anzusehen ist.

Wie erbittert der Streit noch geführt werden sollte und welche Fallhöhe dabei die Protagonisten der *Nouvelle Vague* letztlich für ihre eigenen Filme damit etabliert hatten, soll nun der folgende Abschnitt zeigen.

2.3. Die Entwicklung der *Nouvelle Vague*

Seitdem François Truffauts Erstlingswerk LES QUATRE CENTS COUPS im April 1959 für den Wettbewerb beim Filmfestival in Cannes zugelassen worden war und schließlich dort auch noch den Preis für die *Beste Regie* gewinnen konnte, war der Terminus *Nouvelle Vague* in Frankreich - aber auch international - in aller Munde und stand synonym für eine ungewöhnlich hohe Anzahl von Filmdebuts blutjunger Regisseure. Bis zur Kampagne der *Cahier*'isten gegen das *cinéma de qualité* war es für Nachwuchstalente in Frankreich äußerst schwierig in die ökonomisch bis dato noch gesunde Filmwirtschaft vorzustoßen, da staatliche

---

[31] Felix (2003), S.30
[32] Ebd., S.30f.
[33] Frisch (2007), S. 73

Förderungen für Filmprojekte bislang nur den etablierten Filmschaffenden vorbehalten blieben. Für den Bereich des Kurzfilms, indem junge Talente vielleicht hätten auf sich aufmerksam machen können, wurde von staatlicher Seite keine finanziellen Mittel zur Verfügung gestellt.

Durch den journalistisch geführten filmtheoretischen Diskurs fand ab Mitte der 1950er Jahre langsam ein Umdenken in der Öffentlichkeit statt und es wurden diverse Kriterien eingeführt, die eine eventuelle spätere staatliche Förderung trotzdem möglich machten. Dieses Prämiensystem konnten einige Nachwuchstalente für sich und ihre Filme nutzen, was die bemerkenswerte Vielzahl von Erstlingswerken in den Jahren 1959 (24 Filme)[34] und 1960 (43 Filme)[35] erklärte.

Für diesen Boom an jungen Filmen schien sich zwar der Terminus *Nouvelle Vague* hervorragend zu eignen, wurde zunächst aber von den mittlerweile ehemaligen Redaktionsmitgliedern der *Cahiers du Cinéma* für sich selbst abgelehnt, weil sie sich scheinbar nicht von einer angeblich filmischen Bewegung vereinnahmen lassen wollten und verwiesen stattdessen auf die soziologische Herkunft des Begriffes[36]. Diese Strategie der Negation änderte sich jedoch im Jahr 1962, als die Existenz einer *Neuen Welle* zunehmend von den Vertretern des *cinéma de qualité* und Teilen der „verfeindeten" Filmkritik angezweifelt wurde, und so griffen die *Cahier*'isten geschlossen wieder in die öffentlich tobende Debatte ein.

Ein weiteres Motiv für das recht späte Eingreifen von Truffaut, Godard, Chabrol und Rivette waren die ersten ungewohnten ökonomischen Misserfolge ihrer Filme ab 1961, wodurch sie sich nun gezwungen sahen, sich rhetorisch vehement rechtfertigen zu müssen. Waren die Erstlingswerke von Chabrol (LE BEAU SERGE), Godard (À BOUT DE SOUFFLE) und Truffaut (LES QUATRE CENTS COUPS) noch gefeierte Publikumserfolge, erlebte die *Nouvelle Vague* mit Jacques Rivette Debutfilm PARIS NOUS APPARTIENT (PARIS GEHÖRT UNS, 1961) einen ihrer ersten drastischen Zuschauereinbrüche, dem noch weitere folgen sollten:

> „Zu den ersten Misserfolgen der *Nouvelle Vague* gehörten LOLA von Jacques Demy mit 43.385 Zuschauern, LES GODELUREAUX (*Speisekarte der Liebe*, Claude Chabrol, 1961) mit 23.406 Zuschauern, L'ŒIL DU MALIN (*Das Auge des Bösen*, Claude Chabrol, 1962) mit 8.032 Zuschauern und LES CARABINIERS mit nur 2.800 Zuschauern."[37]

---

[34] Vgl. http://wissen.spiegel.de/wissen/dokument/95/56/dokument.html?titel=Nouvelle+Vague&id=54256559&top=Lexikon&suchbegriff=nouvelle+vague&quellen=&qcrubrik=kultur
[35] Ebd.
[36] Siehe dazu Einleitung Kapitel 2.
[37] Frisch (2007), S.229

Ab Anfang der 1960er Jahre gehörten nur noch Éric Rohmer und Jacques Rivette zum festen Mitarbeiterkreis der *Cahiers* und nach dem Tod Bazins im November 1958 wurde Rohmer neuer Chefredakteur. Unter seiner Führung hielten sich bis 1962 die *Cahiers du Cinéma* als ehemaliges „Kampfblatt" in der Diskussion um die *Nouvelle Vague* interessanterweise deutlich zurück, was im Spätsommer desselben Jahres zu einem putschähnlichen Komplott in der Redaktion und schließlich zur Absetzung Éric Rohmers durch u.a. Jacques Doniol-Valcroze führte. Noch im Dezember 1962 gaben die *Cahiers* ein Sonderheft zur *Neuen Welle* heraus und bezogen von nun an wieder eindeutig Stellung im Sinne der *Nouvelle Vague*.

Mithilfe der neuerlichen Unterstützung der *Cahiers*, setzten sich Truffaut, Godard, Chabrol und Rivette gegen ihre Kritiker nun wieder journalistisch zur Wehr. In der Folge konnte der harte Kern der *Nouvelle Vague*, in Form der ehemaligen *Cahiers*'isten, Ende 1962 mit Truffauts JULES ET JIM (JULES UND JIM) wieder einen Publikumserfolg feiern. Trotz diverser filmischer Erfolge und einer relativ homogenen Außendarstellung der *Cahiers*'isten wies doch der Richtungsstreit innerhalb der Redaktion auf zum Teil fundamentale Differenzen innerhalb der *Nouvelle Vague* hin, wodurch eine genaue Bestimmung ihres Wesen äußerst diffizil erscheint und für den weiteren Verlauf dieser Untersuchung eine untergeordnete Rolle spielt. Wichtig hingegen sind die wesentlichen Merkmale der französischen *Neuen Welle*, welche im anschließenden Abschnitt herausgearbeitet werden sollen.

2.4. Die Merkmale der *Nouvelle Vague*

2.4.1. Die Arbeitsformen

Anhand der besonderen Produktionsbedingungen, denen seinerzeit alle Erstlingswerke der *Nouvelle Vague* unterworfen waren, lassen sich einige Rückschlüsse auf die spezifischen Arbeitsformen der Filmemacher ziehen. Die wichtigsten Charakteristika der damaligen recht ungewöhnlichen Produktionsbedingungen listet Simon Frisch übersichtshalber wie folgt auf:

- Filmen auf der Straße statt im Studio.
- Arbeit mit Tageslicht statt aufwendiger Lichtdramaturgie.
- leichtes Equipment statt aufwendiger Technik.
- Storys aus Zeitungsmeldungen oder privater Themen statt Verfilmung renommierter literarischer Vorlagen.
- Junge, unbekannte Darsteller, auch Laien, statt internationaler Stars.
- Kino aus Leidenschaft und Kunst statt als Handwerk oder Kommerz.
- Ausbildung im Kinosaal und Autodidakt statt Filmhochschule oder Assistentenkarriere.
- niedrigere Budgets statt teurer Produktionen.
- Alltagssprache statt geschliffener Dialoge.[38]

---

[38] Vgl. Baecque/ Tesson (1998), S. 5 und Daney (2000), S. 33, zit. nach: Frisch (2007), S.15

Im Gegensatz zum *cinéma de qualité*, welches sich hauptsächlich der *Verfilmung renommierter literarischer Vorlagen* widmete, stellte der persönliche Bezug des Regisseurs zu seinem Drehbuch die Prämisse für die Filme der *Nouvelle Vague* dar, wobei dies aber nicht zwangsweise bedeuten musste, dass die Filmemacher ihre Bücher selbst geschrieben haben oder die Geschichte immer autobiographische Züge aufweisen mussten. Nach Frieda Grafe *„[...] haben seine Schüler von der Nouvelle Vague die Konsequenz [aus Bazins Lehren] gezogen, dass es, um lebendige Filme zu machen, ein existenzielles Verhältnis zum Kino braucht, wodurch die Filme immer auch ein autobiografisches Moment enthalten.*"[39] Somit konnte sich die Persönlichkeit eines Regisseurs also auch in Filmen wiederspiegeln, die auf literarische Stoffe basierten, wozu im Hinblick auf François Truffaut dessen lange Weggefährtin Suzanne Schiffman schrieb:

> „Ich hatte immer den Eindruck, und er sagte dies selbst, dass Truffaut in seinen Adaptionen genauso viel über sich sagte wie in seinen eigenen Drehbüchern."[40]

Im weiteren Verlauf heißt es zudem:

> „Doch sein Leben war bei weitem nicht die einzige Quelle für Ideen, Charaktere und Dialoge. Diese speisten sich ebenso aus Zeitungen, Anekdoten von Freunden, Büchern, die er las, oder Filmen, die er sah. Alles konnte nützlich sein, und nur wenig war ihm heilig, was in seiner Umgebung gelegentlich zu Irritationen führte."[41]

An dem letzt genannten Zitat wird ein weiterer signifikanter Aspekt der *Neuen Welle* deutlich, denn deren Drehbücher basierten oftmals auf realen Gegebenheiten[42], wodurch sie ihren Realismusanspruch, das „wirkliche" Frankreich zu zeigen, erneut unterstrichen.

Einen Großteil der vorgestellten Bedingungen, unter denen die ersten Filme der *Nouvelle Vague* entstanden, lassen sich auf die niedrigeren Budgets und die teilweise unsicheren Finanzierungen zurückführen. Zwar gab es durch ein Prämiensystem Ende der 1950er Jahre mittlerweile die Möglichkeiten an staatliche Finanzierung zu gelangen, jedoch wurden die Gelder immer erst rückwirkend für den bereits fertig gestellten Film zur Verfügung gestellt, weswegen sich die Regisseure also trotzdem schon im Vorfeld der Produktion um eine eigene Finanzierung kümmern mussten.

Im Gegensatz zu den Vertretern der *Tradition der Qualität*, die über immens hohe Budgets bei ihren Filmen verfügten und sich deswegen starbesetzte Studioproduktionen leisten konnten, mussten die nicht professionell ausgebildeten Filmemacher nach neuen Wegen

---

[39] Vgl. Grafe (2003), S.13
[40] zit. nach: Ingram (2008), S.7
[41] Ingram (2008), S.8
[42] Beispielsweise schrieb Truffaut das Exposé zu Godards À BOUT DE SOUFFLE aufgrund eines Zeitungsartikels.

suchen, ihre filmischen Visionen umzusetzen, und so feierten im Kielwasser der Filme der *Neuen Welle* unzählige Jungschauspieler ihr Leinwanddebüt.

Wegen der hohen Kosten eines Studios waren sie deshalb darüberhinaus gezwungen, kurzerhand an Originalschauplätzen zu drehen und eroberten so sukzessiv die Straßen. Diese *ökonomische Notwendigkeit* ergänzt Frieda Grafe noch um die *Frage der filmischen Moral*[43], denn durch ihren zuvor in den Kinosälen autodidaktisch geschärften Blick, hatten sie - unter dem Einfluss italienischer Neorealisten[44] - einen eigenen künstlerischen Realismusanspruch generiert, sodass ihnen der Umstand auf den Straßen drehen zu müssen, im Grunde noch mehr entgegen kam. Zudem hatte sich die Kameratechnik schon sehr weit entwickelt, wodurch die Kameras um einiges kleiner, leichter und damit handlicher geworden sind, was ihnen bei den Dreharbeiten ebenfalls zugute kam, da sie mit den Handkameras auf den Straßen viel flexibler und mobiler agieren konnten als ihre professionellen Kollegen in den teuren Studios.

Aufwendiges Lichtequipment, um ihre Werke mit einer klassischen Lichtdramaturgie zu gestalten, war aufgrund der hohen Leihgebühren ebenfalls unerschwinglich für sie und so nutzte man das gegebene natürliche Tageslicht oder beleuchtete mit unkonventionellen Lichtquellen wie Nachttisch- oder gar Taschenlampen. Das Dilemma, dass sie wegen der Kosten seinerzeit noch nicht mit Ton aufnehmen konnte, stellte ebenso kein Hindernis für die Fertigstellung ihrer Filme dar, denn die Vertreter der *Nouvelle Vague* synchronisierten die einzelnen Filme im Schnitt mit ihren (Laien-)Darstellern meistens nach.

Dass die so gefertigten Filme und dem daraus resultierenden Amateurismus im Hinblick auf die Professionalität der Werke des von ihnen so verabscheuten *cinéma de qualité* in keiner Weise ebenbürtig waren, schienen die *Cahiers*'isten schon im Vorfeld miteinkalkuliert zu haben und durch ihre *Politik der Autoren* bereits öffentlich theoretisch gerechtfertigt, wodurch ein mögliches Publikum dementsprechend bereits vorbereitet worden war. Ihrer Meinung folgend, setzten sie dem „guten Handwerk" und den kommerziellen Erfolgen ihrer Gegner, ein exaltiertes und künstlerisches Kino entgegen, das nicht auf den schlichten Kommerz ausgelegt war, sondern anderen Ambitionen folgen sollte. Frieda Grafe vermerkt dazu:

> „Die wahre Natur des Kinos zeigt sich im Unvergleichbaren, in Filmen, die von der Eigenart seiner Mittel einen originellen und reflektierten Gebrauch machen. Der konnte in der Nachkriegszeit in Frankreich nur auf der Straße und nicht in den Studios passieren, an Orten und in Landschaften, die nicht schon Filmklischees waren. Rohmers Bemerkung, dass jeder große Film ein Dokumentarfilm sei, entspringt dieser Auffassung von der veränderten Funktion der Handlungsorte des Kinos. Die Nouvelle-Vague-Filmer hatten immer nur, aus kinematografischer Ehrlichkeit, Filme über das gemacht, was sie kannten [...]."[45]

---

[43] Vgl. Grafe (2003), S.15
[44] Vgl. Ingram (2008), S.18
[45] Grafe (2003), S.14

Ihre mangelnden filmpraktischen Erfahrungen glichen sie durch Begeisterung, Leidenschaft und Liebe zum Kino wieder aus und es gelang, genau diese Attribute auf die Leinwand zu übertragen. In dem sie ihre künstlerischen Qualitäten betonten, konnten sie sich über sämtliche filmspezifischen Konventionen hinwegsetzen, denen die Berufsregisseure in den Studios unterworfen waren. Durch diese rebellische Arbeitsweise traten sie in scharfer Opposition zu den Vertretern der *Tradition der Qualität*.

2.4.2. Visueller Stil: Bildästhetik und Bildersprache

Wie bereits besprochen, drehten die filmischen *Autoren* ihre ersten Kinofilme mit leichten und deshalb sehr mobilen Kameras, die es ihnen erlaubten, relativ unkonventionelle Aufnahmen zu machen. Zur bildästhetischen Herangehensweise an sein Erstlingswerk À BOUT DE SOUFFLE äußerte sich Jean-Luc Godard 1960 rückblickend wie folgt:

> „Dieser Film reagierte auf alles, was damals in fast pathologischer Manier systematisch verboten war. Eine Großaufnahme macht man nicht mit Weitwinkelobjektiv. Also machten wir es. Eine Fahrt macht man nicht mit Handkamera. Also machten wir es."[46]

Schon anhand dieser Äußerung wird deutlich, wie wenig sich Godard, zusammen mit seinem Kameramann Raoul Coutard, um die damals bestehenden kinematographischen Konventionen kümmerte. Viele der bildästhetischen Innovationen, für die À BOUT DE SOUFFLE seinerzeit Berühmtheit erlangte, waren sicherlich auf ökonomische Zugeständnisse der Filmemacher zurückzuführen[47], aber dessen ungeachtet müssen einige Neuerungen als bewusste Entscheidungen betrachtet werden, wie die folgende Aussage Coutards zu belegen scheint:

> „Durch die Arbeit im Krieg war ich es gewohnt, Risiken zu tragen und besser mit Problemen umzugehen. Als Jean-Luc bei der Vorbereitung auf *A bout de souffle* sagte, er wolle alles ganz einfach haben, es solle eher aussehen wie eine Reportage, sah ich natürlich keinerlei Probleme, weil ich ja aus dieser Richtung kam. Ich besaß Erfahrung damit, kein Kunstlicht zur Verfügung zu haben und Menschen mit der Kamera zu verfolgen. Die Erfahrung als Kriegsreporter korrespondierte so gesehen ganz und gar mit dieser Idee von Film, und ich konnte mich problemlos darauf einstellen."[48]

Durch die visuelle Grundidee Godards, *„[...] es solle eher aussehen wie eine Reportage [...]"*[49], schien er den nahezu perfekten Kameramann in Raoul Coutard gefunden zu haben, obwohl dieser über scheinbar kaum ausreichende Erfahrungen im Bereich des Spielfilms verfügte. Wichtiger schienen Godard die Fertigkeiten Coutards zu sein, die er sich als

---

[46] Jean Luc Godard zit. nach Frisch (2007), S. 16
[47] Wie es bereits im Kapitel 2 - Die *Nouvelle Vague* in dieser Arbeit gezeigt wurde.
[48] Vgl. http://www.schnitt.de/233,1012,01
[49] Ebd.

Kriegsreporter und Dokumentarfilmer angeeignet hatte, also im Umgang mit der leichten Handkamera äußerst geübt war. Insbesondere die entfesselten Bilder dieser immer leicht ruckelig wirkenden Handkamera machten einen fundamentalen Anteil an der Bildästhetik dieses Filmes aus und wurden so schließlich zum visuellen Erkennungsmerkmal der ganzen *Neuen Welle*, wozu der Kameramann bemerkt:

> „Die Idee der Nouvelle Vague bestand darin, sich vollständig vom klassischen Kino abzugrenzen. Dazu gehörte ganz besonders die verstärkte Bewegung des Apparats."[50]

Diese im Vorfeld beabsichtigte *verstärkte Bewegung des Apparats* und den daraus resultierenden reportageartigen Stil der Bilder lassen sich nahezu überall in À BOUT DE SOUFFLE wiederfinden. Gerade dieser Stil kam ihrem zuvor theoretisch artikulierten Realismusanspruch praktisch äußerst entgegen und wurde so ein wesentlicher Teil der Bildästhetik der *Nouvelle Vague*. Sicherlich stellt À BOUT DE SOUFFLE den extremen Höhepunkt einer filmästhetischen Entwicklung dar, aber deren Anfänge lassen sich auch in anderen Werken der *Neuen Welle* aufzeigen.

Dem Medienwissenschaftler Karl Prümm folgend, teilte Raoul „*Coutard [...] unmittelbar Godards Auffassung, dass es beim filmischen Erzählen vor allem auf das Entdecken neuer Reiche des Bildes und auf das Entwickeln unverbrauchter Formen ankomme.*"[51] Diese Ansicht belegten sie mit der Entscheidung für ein neues lichtempfindlicheres Filmmaterial, welches bis dato nur in der Fotografie eine Verwendung gefunden hatte und allen professionellen Produktionsstandards des traditionellen Erzählkinos widersprach. Das innovative Ilford HP 5-Material ermöglichte Coutard den Einsatz seiner Kamera in nahezu allen Lichtsituationen, ohne dass er zusätzlich künstlich beleuchten musste[52]. Hierdurch wurden die Dreharbeiten durch das Fehlen zeitraubender Lichtumbauten nicht nur immens beschleunigt, sondern die Handkamera wurde in ihrer Beweglichkeit noch flexibler, weil Coutard auf sich gegebenenfalls ändernde Lichtkonstellationen unmittelbar reagieren konnte. Des Weiteren nahm das Ilford-Filmmaterial dem Bild den für den Film der 1950er Jahre so typisch harten Kontrast, sodass das Bild insgesamt diffuser wirkte. Diese Eigenschaft des neuen Films wurde durch die unkonventionelle Lichtsetzung noch weiter forciert, indem hauptsächlich natürliches, also gestreutes Licht verwendet wurde. Selbst wenn in gewissen Lichtsituationen einmal zusätzlich beleuchtet werden musste - wie es beispielshalber in Innenräumen eigentlich immer der Fall ist -, beleuchteten Godard und Coutard die Szenerie

---

[50] Ebd.
[51] Vgl. Grob (2006), S. 135
[52] Ebd., S. 136

vorzugsweise indirekt und strahlten mit einem gewöhnlichem Leuchtmittel eine zuvor mit Aluminiumfolie präparierte Zimmerdecke an, die das Licht gestreut wieder auf die Schauspieler zurückwarf.

Zwar verzichteten der Regisseur und der Kameramann scheinbar auf ein dem Film inhärentes Stilmittel der Narration, kreierten dabei aber gleichzeitig einen völlig neuen filmischen *Look*, der zum Erkennungsmerkmal der Filme der *Nouvelle Vague* werden sollte. Die Lichtsetzung ist im filmischen Bild ein wesentliches Mittel der Kadrierung und gerade der Verzicht darauf, suggerierte dem Zuschauer abermals den Stil einer Wochenschau oder Reportage, weil anhand dessen der Eindruck evoziert wurde, als zeige die Kamera einen Ausschnitt vorfilmischer Wirklichkeit, die neben dem Bild weiter existiere. Darüberhinaus machte der weitestgehende Verzicht auf einen Kamerawagen oder Stativen und das daraus resultierende dieses „leichte Ruckeln", das man bei der Betrachtung solcher Aufnahmen auf der Leinwand gerade noch wahrnehmen konnte, wiederum den besonderen Charme der spezifischen Bildästhetik der *Neue Welle* aus.

Alle dieser soeben beschriebenen bildästhetischen Aspekte, die sich einem filmischen Realismus verpflichtet fühlten, waren nicht darauf ausgelegt, eine perfekte filmische Illusion der Wirklichkeit zu kreieren. Ganz im Gegenteil, dadurch, dass man sämtliche bestehenden Konventionen des *cinéma de qualité* negierte, welches sich an die damaligen Produktionsweisen der Hollywoodstudios orientierte, führte man dem Rezipienten in ihren Kinosesseln permanent bewusst vor Augen, dass es sich um einen Film handelte. Von diesem Umstand zeugt nicht zuletzt die zum Teil grobe und harte Schnitttechnik der *Nouvelle Vague*-Filme, die ebenso jede Konvention kategorisch ignorierte und in dem Erstlingswerk Godards schließlich kulminierte.

3. Zusammenfassung

Eine umfassende Darstellung der *Nouvelle Vague* mit all ihren widersprüchlichen Facetten hätte sicherlich den enggezogenen Rahmen dieser Arbeit gesprengt und sollte auch nicht Anspruch des letzten Kapitels sein. Vielmehr sollten die charakteristischen Spezifika einer einzigartigen filmischen „Bewegung" herausgearbeitet und in einem filmhistorischen Kontext erörtert werden.

Paul Ingram fasst die *Neue Welle* rückblickend wie folgt zusammen:

> „Die *Nouvelle Vague* war nie mehr als eine lose Gemeinschaft von Regisseuren, die an einem entscheidenden Punkt der Geschichte aufeinandertrafen. Sie teilten eine gemeinsame Leidenschaft fürs Kino und verbrachten viele Stunden mit Diskussionen in der *Cinematheque*, den verschiedenen Filmklubs und den Büros der *Cahiers du cinema*. Sie gründeten weder

formal eine Bewegung, noch verschrieben sie sich uneingeschränkt einer schlüssigen, kohärenten Filmtheorie. Sie teilten aber viele Werte und, eine Zeit lang, eine Ähnlichkeit des Filmemachens. Unter dem Einfluss italienischer Neorealisten, deren Filme sie in den Filmklubs sahen, entschieden sie sich für einen neuen realistischen Stil. Sie kehrten den Studios den Rücken und drehten draußen, mit Naturlicht und, als es möglich wurde, mit Originalton. Sie mieden Stars und drehten mit bescheidenen Budgets. Dabei wurden sie durch neue technische Entwicklungen, v.a. durch neue, leichte, tragbare Kameras, unterstützt."[53]

Anfänglich als Phänomen vieler junger Spielfilmdebütanten noch relativ homogen in ihren „theoretischen" Grundlagen und der Wahl ihrer filmspezifischen Mittel, differenzierte sich die *Nouvelle Vague* mit den Jahren immer weiter aus, sodass - rund ein halbes Jahrhundert später - eine zeitliche Eingrenzung oder gar die Bildung eines endgültigen Kanons der Filme anhaltend schwierig erscheint. Wie eingangs bereits erwähnt, scheitern diese Versuche selbst, wenn man sich dabei ausschließlich auf die Filme der Regisseure und ehemaligen Kritiker aus der Redaktion der *Cahiers du Cinéma* beruft. Auch diese Filmemacher drehten beispielsweise irgendwann in Studios, nachdem sie die dazu nötigen finanziellen Mittel erhielten. Selbst untereinander waren sich die jungen Filmemacher nicht immer einig, was sich an dem Streit zwischen Godard und Truffaut Ende der 1960er Jahre, wodurch sie bis zum Tod Truffauts 1984 kein Wort mehr miteinander sprachen, verdeutlichen lässt.

Dessen ungeachtet, weisen die Filme der *Cahier*'isten, wie im Laufe dieser Arbeit gezeigt, einige radikale Parallelen auf, die sich als charakteristisch für die *Nouvelle Vague* klassifizieren lassen. Diese Merkmale und deren Folgen für das Filmemachen lassen sich bis heute nachweisen, denn sie sind seit langem in die internationalen filmischen Konventionen eingeflossen. Die dem zugrunde liegende geistige Haltung, alles filmideologisch Althergebrachte in Frage zu stellen und deswegen Neues zu wagen, wird wohl in Zukunft auch weiterhin neue Generationen von Filmemachern inspirieren.

---

[53] Ingram (2008), S. 4

4. Anhang:

Literaturverzeichnis

FELIX, Jürgen (2003): *Moderne Film Theorie*. 2. Auflage. Mainz: Theo Bender Verlag.

FRISCH, Simon (2007): *Mythos Nouvelle Vague - Wie das Kino in Frankreich neu erfunden wurde*. Marburg: Schüren Verlag.

GRAFE, Frieda (2003): *Ausgewählte Schriften 3. Nur das Kino: 40 Jahre mit der Nouvelle Vague*. Berlin: Brinkmann & Bose.

GROB, Norbert (Hrsg.) (2006): *Nouvelle Vague*. Mainz: Theo Bender Verlag.

INGRAM, Paul (Hrsg.) & DUNCAN, Paul (Hrsg.) (2008): *François Truffaut: Sämtliche Filme*. Köln: Taschen Verlag.

TRUFFAUT, François (1954): *Eine gewisse Tendenz im französischen Film*. In: TRUFFAUT, François (1999): *Die Lust am Sehen*. Frankfurt a.M.: Verlag der Autoren.

Internetquellen

http://www.schnitt.de/233,1012,01

http://wissen.spiegel.de/wissen/dokument/95/56/dokument.html?titel=Nouvelle+Vague&id=5
4256559&top=Lexikon&suchbegriff=nouvelle+vague&quellen=&qcrubrik=kultur

Alle Internetquellen wurden zuletzt am 20.06.2009 auf ihre Aktualität überprüft.

Filmographie

À BOUT DE SOUFFLE (AUßER ATEM). Frankreich 1960. R: Jean-Luc Godard, B: Jean-Luc Godard, K: Raoul Coutard, S: Cécile Decugis, Lila Herman, M: Martial Solal, P: Georges de Beauregard, Mit: Jean-Paul Belmondo, Jean Seberg, Daniel Boulanger, Jean-Pierre Melville, Henri-Jacques Huet, Van Doude; SW; Mono; 90 Min.

JULES ET JIM (JULES UND JIM). Frankreich 1962. R: François Truffaut, D: François Truffaut, Jean Gruault, K : Raoul Cotard, S : Claudine Bouché, M: Georges Delerue, P: Marcel Berbert, Mit: Jeanne Moreau, Oskar Werner, Henri Serre, Marie Dubois; SW; Mono; 105 Min.

LE BEAU SERGE (DIE ENTTÄUSCHTEN, DER SCHÖNE SERGE). Frankreich 1958. R: Claude Chabrol, B: Claude Chabrol, K: Henri Decaë, Jean Rabier, S: Jacques Gaillard, M: Emile Delpierre, P: Jean Cottet, Mit: Jean-Claude Brialy, Gérard Blain, Bernadette Lafont, Michèle Meritz, Jeanne Perez; SW; Mono; 99 Min.

LE COUP DU BERGER. Frankreich 1956. R: Jaques Rivette, D: Charles L. Bitsch, Claude Chabrol, K: Charles Bitsch, P: Pierre Braunberger, Claude Chabrol, Mit: Jean-Claude Brialy, Claude Chabrol, Anne Doat, Jacques Doniol-Valcroze, Jacques Rivette, François Truffaut; SW; Mono; 28 Min.

LES CARABINIERS (DIE KARABINIERI) Frankreich 1963. R: Jean-Luc Godard, D: Jean-Luc Godard, Jean Gruault, K: Raoul Cotard, S: Agnes Guillemot, P: Georges de Beauregard, Carlo Ponti, Mit: Marino Masè, Patrice Moullet, Geneviève Galéa, Catherine Ribeiro; SW; Mono; 75 Min.

LES GODELUREAUX (SPEISEKARTE DER LIEBE) Frankreich 1961. R: Claude Chabrol, D: Claude Chabrol, Paul Gégauff, K: Jean Rabier, S: James Cuenet, P: Raymond Hakim, Robert Hakim, Mit: Jean-Claude Brialy, Bernadette Lafont, Jean Tissier, Sacha Briquet; SW; Mono; 99 Min.

LES QUATRE CENTS COUPS (SIE KÜSSTEN UND SIE SCHLUGEN IHN). Frankreich 1959. R: François Truffaut, D: François Truffaut, Marcel Moussy, K: Henri Decaë, S: Marie-Josèphe Yoyotte, M: Jean Constantin, P : François Truffaut, Mit: Jean-Pierre Léaud, Claire Maurier, Albert Rémy, Guy Decomble; SW; Mono; 99 Min.

LOLA. Frankreich 1961. R: Jacques Demy, D: Jacques Demy, K: Raoul Coutard, S: Anne-Marie Cotret, Monique Teisseire, M: Michel Legrand, P: Georges de Beauregard, Carlo Ponti, Mit: Anouk Aimée, Marc Michel, Jacques Harden, Alan Scott; SW; Mono.

L'ŒIL DU MALIN (DAS AUGE DES BÖSEN). Frankreich/Italien 1962. R: Claude Chabrol, D: Claude Chabrol, K: Jean Rabier, S: Jacques Gaillard, M: Pierre Jansen, P: Georges de Beauregard, Mit: Jacques Charrier, Walter Reyer, Stéphane Audran, Michael Münzer; SW; Mono; 80 Min.

PARIS NOUS APPARTIENT (PARIS GEHÖRT UNS) Frankreich 1961. R: Jacques Rivette, D: Jacques Rivette, Jean Gruault, K: Charles L. Bitsch, S: Denise de Casablanca, M: Philippe Arthuys, P: Claude Chabrol, Roland Nonin, Mit: Betty Schneider, Giani Esposito, Françoise Prévost, Daniel Crohem; SW; Mono; 120 Min.